tiefgedichtet

Caty Perillo

tiefgedichtet

Gedichte und Kurzgedachtes

Impressum

Bibliografische Information der Deutschen Nationalbiblio-thek: Die Deutsche Nationalbibliothek verzeichnet diese Publikation in der Deutschen Nationalbibliografie; detail-lierte bibliografische Daten sind im Internet über <u>dnb.dnb.de</u> abrufbar.

© 2022 Caty Perillo
Herstellung und Verlag: BoD – Books on Demand, Norderstedt
Covergestaltung: Acelya Soylu
ISBN 9783756233434
Ebenfalls von der Autorin erschienen:
Tage wie wir (Roman)
Alba (Roman)

Für Mimmo und Nunzia.

Für alles was war
und noch sein mag.

gedichte

mamma...

Ich möchte mich der Dauer hingeben,
zwischen jetzt und gleich
den Druck rausnehmen.
Dem Moment ein wenig mehr
Abwechslung schenken;
all mein Sein,
Richtung Heiterkeit lenken.

Dankbar und voller Demut innehalten
und drei Gänge runterschalten.
Aufwachen,
jeden Morgen,
mit einem Ozean in mir frei von Sorgen.
Nur um es dir zu geben;
ein Stück von diesem Leben.

die insel...

So soll es sein,
hier bleiben wir.
Du an Land, umgeben von ihr.
Sie, die Welle die an deinen Ufern bricht.
Die Dämmerung;
Dein Licht.

So soll es sein.
Du eine Insel
und sie,
die Saat in der Meeresbrise.
Bis du die Segel setzt;
und sie dich auf sanften Wellen
davon weht.
Zu dir und jetzt.

reflektion...

Ach ja,
ich gebe es ungern zu.
Ich dachte wirklich,
da gäbe es so etwas wie Perfektion.
Doch nun ist der Schleier fort,
der Nebel lichtet sich allmählich
und ich begreife;
es war nur meine Reflektion.

gegenpol...

Du treibst mich an,
bis zum absoluten Stillstand.
Ziehst mich hoch,
durch deine dunklen Tiefen.
Kommst zurück,
immer wieder,
und schlägst Wurzeln in meiner Zukunft.

beständigkeit...

Du bist die Ruhe,
das Vertraute und Beständige.
Die erste Liebe,
die Gelassenheit
und das Gebändigte.
Lässt mich tosen und einkehren,
meinen Geist frei schweifen
ohne davon zu zehren.
Hast all meine Wunden angenommen;
Gipfel und Berge erklommen.
Du bist meine Ruhe.
Das immerwährende,
niemals enden wollende,
Beständige.

für nunzia...

Zwischen hier und dort.
Zwischen sein und war.
Zwischen dir und mir
und ihm und ihr.
Irgendwo,
zwischen Verlust und Gewinn,
ist das Leben
und all sein Sinn.

nichts...

Ich bin Nichts.
Des Niemands Einsamkeit.
Ur-Gedanke des Seins.
Im niemals gewesenen Augenblick
der Zweisamkeit,
erschufen wir Nichts
und Ewigkeit.

reinheit...

Reinheit,
so lautet ihr Name.
Erntest dennoch
sündig süßen Schund,
trotz makellosen Samens.
Und eh du dich versiehst,
wühlt man(n) mit reinen Händen,
in ihrer Frucht.
Einmal von ihr gekostet,
bist du verdammt zur ewigen Sucht.

mein neuer gefährte...

Sie ist da.
Setzt sich in meiner Seele zur ruh;
Haftet an mir,
legt sich zu mir und deckt mich zu.

Nun ist sie also angekommen,
reißt ein die Mauer.
Mein neuer Gefährte,
die langersehnte Trauer.

Doch schon bei Morgendämmerung
zieht sie einfach weiter;
und hinterlässt nichts als dein Lachen.
Warm und heiter.

denkmal...

In diesem Moment,
möchte ich jetzt und für immer sein.
Mitten unter euch,
bei herzhaftem Lachen
und lieblichen Wein.
Zwischen bittersüßen Beichten
und flackerndem Kerzenschein,
schlendern wir angeheitert nachhause;
selig und rein.

Erzählen uns von
schwierigen Kindheitstagen;
von noch unerfüllten Träumen.
Spazieren Richtung Zuversicht,
wollen nichts mehr versäumen.
So halten wir einander fest.
Dort,
Hier
und
Jetzt.
Bis der Sonnenaufgang,
diesem Moment ein Denkmal setzt.

loslassen...

Komm,
lass uns mal einen Augenblick rasten.
Sie niederlegen, all die alten Lasten.
Lass uns einfach dahintreiben,
an nichts denken;
nie wieder leiden.

Komm,
lass uns einfach nichts tun
und hier verweilen.
Miteinander Wertvolles teilen;
und all unsere Sorgen ruhn.

das fenster...

Ein Blick durchs Fenster,
dort spielt mein kindliches Ich.

Wandere schweren Herzens durchs Haus,
überall spüre ich dich.
Fahre mit meinen Fingern,
über längst vergangene Tage.
Ob du uns gerade siehst?
stellt sich mir die Frage.

Wie wir uns Deiner erinnern,
mal weinend, mal lachend in den Armen liegen;
oder in schmerzhaften Momenten,
kein Wort über die Lippen kriegen.
Zwischen diesen vier Wänden,
ein ganzes Leben.
Mir wird schmerzlich bewusst;
neue Erinnerungen mit dir,
wird es hier nie wieder geben.

meine welt...

Hinter deinem Rücken,
da stieß ich auf eine kostbare Zeile.
Eingebunden für die Ewigkeit,
war ich nur Dein,
eine endliche Weile.

Ein Sog,
eine Welle,
hinaus in die unendliche Weite.
Immer tiefer, Seite um Seite.
Ich las in dir
mit offenem Herzen,
bis zum lautlosen Grund der Erkenntnis.
Dort fand ich einen Schatz,
reich an Sinn und Verständnis.

pur...

Ach, wäre es nicht befreiend,
wenn du einen Augenblick nur,
sagst was du meinst?

Wie wunderbar sie doch wäre,
diese eine Sekunde, in der du
einfach mal bist
was du scheinst.

Stell dir vor,
so etwas soll es ja geben.
Ein Augenblick,
eine unendliche Sekunde;
das pure Leben.

im kreise drehn...

Lass uns doch mal ehrlich sein,
und weiter ne' Runde lügen.
Uns sinnlos im Kreise drehn,
wortlos daneben stehn,
wenn wir uns selbst betrügen.

Lass uns die gezinkten Karten
endlich auf den Tisch legen.
Weiterhin so tun,
als ob wir uns aufeinander hinzubewegen.
Uns verrennen,
in halbernst gemeinter Aufrichtigkeit.

Bis der letzte Funke Irrglaube
im Keim der Ermüdung erstickt.
Und uns endlich den Weg ebnet,
zur wahren Glückseligkeit.

der letzte tanz...

Sie tänzelt leichtfüßig durch deine Sinne,
im Takt deiner harmonisch leichten Stimme.
Sie ist der wahrgewordene Traum,
fügt dich zusammen, durch Zeit und Raum.

Doch der Tag des Erwachens naht,
und sie hinterlässt Spuren
in deinem Innersten.
Fein schimmernd und beinah endlos zart.

nie wieder...

Immer wieder du,
viel zu selten ich.

Jedes Mal sofort,
zur richtigen Zeit nur gelegentlich.

Immer für dich da,
doch nie wirklich hier.
Mir ewig fremd,
für ein bisschen wir.

terra mia...

Unter meinem pulsierenden Stamm,
schmecke ich dein salzig sanftes Wesen.
Dein mediterraner Hauch haftet an mir,
als sei ich nie fort gewesen.

Tief verwurzelt in brauner Erde,
unter dem azurblauen Himmelszelt,
am Fuße des Feuerbergs:
ruht im ewigen Stein,
eine niemals vergessene Welt.

Hier,
wo dein Herz mir Heimat ist,
der Wind deine Stimme trägt
und du mir näher bist als fern...
Funkelst du in meiner dunkelsten Stunde,
wie der hellste Stern.

<u>egal</u>...

Heute mal nicht,
vielleicht doch morgen.
Und selbst wenn nicht,
warum sich Sorgen?
Fürimmer,
ist doch auch nur ein Tag,
der morgen schon war
und es gestern noch nicht gab.

Heute,
meine konturlose Wesensart.
Morgen,
der Abdruck einer vergangenen Gegenwart.

am wegesrand...

Hab aufgehört auf dich zu warten;
bin fertig,
mit dem ewigen Gedankenraten.

Kommst du mir entgegen,
dann triffst du mich dort,
auf unebenen Wegen.
Wo man sich einander reicht die Hand;
man gemeinsam Erinnerungen schafft
und sie hinterlässt am Wegesrand.

sommerregen...

Die Erinnerung an dich,
zaubert mir stets ein Lächeln ins Gesicht.
An sonnigen Tagen sehe ich uns,
wie wir im Schatten unserer Neugier lagen.
Höre dich noch auf der Gitarre musizieren,
fühle weiterhin deine Hände,
die meinen Nacken massieren.

Ich denk noch oft an dich;
auch nach all der Zeit.
An diesen einen Sommer und
an unsere Vergänglichkeit.
An deine Lebensfreude,
deine sinnlich aufregende Art zu geben.
Deinen süßen Akzent
und dein unbeständiges Wesen.

Der Gedanke an dich,
ist wie barfuß tanzen,
im warmen Sommerregen.

lückenlos...

Leere Lücken,
kahle Wände,
und inhaltslose Räume.

Wo im Hall
meiner unbewohnten Träume,
ich in die Obhut
deiner vertrauten Arme gleite;
und du mich sanft hinauswiegst,
in deine grenzenlose Weite.

hausaufgaben...

Ich weiß nicht viel.
Vielleicht nur,
dass sich die Fülle eines ganzen Lebens,
in einer einzig kleinen Träne leert.
Oder, dass an kalten Tagen,
eine wohlig sanfte Stimme
dein Herz erwärmt.

Ich weiß nicht alles.
Nur, dass die besonders reinen Gaben,
nichts mit deinem Selbst zu tun haben.
Vielleicht auch,
dass dein letztes Wort
rein nichts über dich sagt.
Denn alles Edle an dir,
erkenne ich in deiner nächsten Tat.

Ich muss noch ein bisschen was lernen,
über Dich und Mich und das Wir;
welches kurz verweilt in all dem Hier.

zugfahrt...

Das Außen,
zieht an mir vorbei;
fließt ineinander.
bleibt zurück
und wird einerlei.

Bewegungslos
rauschen mir die Gedanken entgegen;
formen sich zu dir,
mehr Fluch als Segen.

Alles Außen,
bleibt hintendran.
So wie du und ich;
Wann packen wir es endlich an?

<u>ruhige see</u>...

Im Rausch der sinnlosen Empfindsamkeit,
fand ich in dir meine ruhige See.
Wo ich nun,
im sanften Wellengang,
zu mir hin treib.

Mit dir.
Mit uns,
und dem Nichts;
im friedvollen Einklang.

tonlos...

Ich gab stumme Laute von mir,
als wir uns in geräuschlosen Nächten
schweigsam liebten.

Uns ineinander verirrten,
im heiseren Klang
des süßen Widerstands.

Und ich im Zwielicht,
allmählich zurück zu mir
und meiner Stimme fand.

schlussblende...

Hier ist es meist zu Ende;
kein weiter mehr,
Schlussblende.

Ab hier,
bin ich meist allein.
Zuviel warmes Licht,
zu wenig kühler Schein.

Doch hier,
wo blüht Glückseligkeit
und auch Schmerz,
bin ich nichts.
Nur dein.
Ein reines, klares Herz.

grauzone...

Lebe in der Grauzone,
wo alles ist transparent.
In der Flamme,
die ewig brennt.

Laufe davon;
mir hinterher.
In die Arme des Glücks,
tauch ein in das Meer.

Ich renne davon;
mir entgegen.
In die Stunden, Minuten und Sekunden,
die erwarten zu leben.

Ich gehe voraus;
mit Blick nach innen.
Liebe das Wachstum;
Spüre das Leben,
mit allen Sinnen.

phoenix aus der

unterschicht...

Aufgewachsen unter bunten Menschen,
zwischen grauem, tristem Stein;
Sollte ich eigentlich dort sein,
wohin ein System wollte mich lenken.
Doch die Tugend der Unschuld
ist formlos und rein.
So bin ich einfach nur gewesen,
ein Kind zweier hinzugezogener Wesen.

Oft am Abgrund balanciert,
doch kein Absturz,
kein vorhergesagtes Ende.
Stattdessen Bücher, Glaube und die Kehrtwende.
Gute Freunde, ein freier und hungriger Geist.
Wenig Besitz, statt goldenen Scheins
und vorgetäuschtes Antlitz.
Mit wenig Vertrauen, viel Weisheit erlangt.
Durch Schmerz und Liebe,
das Große im kleinen Glück erkannt;
Dankbar und demütig für all jenes,
was wurde diesem Kind verwehrt.
Für jede Grenze die es überschritt,
nie ganz unversehrt.
Nur um hierhin,
zu sich selbst zu gelangen.
Außerhalb dieser einfältigen Ansicht.
Die Ausnahme,
der Widerspruch des kleinen Denkens;
Phoenix aus der Unterschicht.

die schwarze katze...

Ich begebe mich zur Stille,
leere meinen Geist.
Wärme mich an deiner Quelle
und es taut, was in mir war vereist.

Setzte mich nieder,
zwischen dir und den zwei Bäumen.
Leise ziehen an mir vorbei
jene die nun allwissend sind,
und jene die noch träumen.

Ich begebe mich zur Stille;
zum Ort der ewig Verstummten.
Wo ich mich in Schweigen hülle,
um zu ehren dein Leben;
in all seiner Fülle.

schwarze nächte...

In schwarzen Nächten,
im schwachen Glanz
des noch feuchten Asphalts,
spiegeln sich unsere Seelen.
Vereinen sich,
bäumen sich auf zum letzten Tanz.

Der Tag bricht an;
sie sind nicht mehr hier.
Lediglich der feine Dunst
von ihm und ihr.
Zweier finsterer Seelen,
gespalten durch blinde Gier.

losgelöst...

Ich löse mich von allem,
mache mich frei.
Falle durchs Raster,
bleib haften;
am kleinsten Detail.

Ich werfe einen Blick in mich hinein,
greif mir den Kern und falte ihn ganz klein.
Teile ihn mal hier und mal da,
bis fast nicht mehr ist, was mal war.

Ich löse mich von allem,
Stück für Stück.
Und hinterlasse Spuren,
vom ganz großen Glück.

ihr seelenbaum...

Meine Hand ruht auf dir.
Wir atmen das Leben
zum Takt der Zeit.
Spüre noch das Hier unter meiner Haut,
verliere uns in den ewigen Sekunden
der Vergänglichkeit.

Du ruhst unter meiner Hand.
Fließt durch dunkle Tiefen,
und wir münden in der Regsamkeit.
Tage werden zu Jahrzehnten,
doch wir verlaufen im Sande
der Untätigkeit.

Wir ruhen ineinander.
In sinnfälliger Wirklichkeit.
Zwischen uns,
der Berührung,
ebnen wir den Weg.
Sind eine Brücke,
zwischen dem Funke und der Unendlichkeit.

land in sicht...

Wir sind eine Flut leerer Worte,
im Fluss der Zeit.
Sachte ertrinken wir;
im Sog der Trübseligkeit.

Stets auf der Suche
nach einem sicheren Hafen,
fürchten wir die Tiefe;
tauchen nie zum Grund,
einer bedeutsamen Frage.

Wir klammern uns fest,
an den ausgedörrten Stunden;
und treiben vorbei
an all die ungelebten Tage.

eine lange reise...

Ich komme von weit her,
doch mit felsenfestem Glauben
durchquerte ich das Meer.

Als ich ruhte einst,
auf kaltem Grund;
Verborgen in der Dunkelheit,
da schenkte mir die warme Strömung
einen Augenblick Lebendigkeit.

So trieb ich bei rauer Winde,
durch grenzenlose Weiten, Monde und Gezeiten;
bis eine Welle mich spülte in den Sand.
Dort lauschte ich dem Klang des Lebens,
umgeben von meinen Freunden
und schmiegte mich in eine Kindeshand.
Bis das Meer mich wieder heimwärts rief.

Hier sank ich wieder in die Stille,
scheinbar endlos tief.
Erreichte den kalten Grund,
wo ich nun bin;
Ein kleiner Stein.
Doch bei ruhiger See,
in einer sternenklaren Nacht,
erinnere ich mich wie es war,
in einem Augenblick zu sein.

familiensache...

Wir sind daraus gemacht
Aus Liebe und Beharrlichkeit;
entsprungen aus Herzen
lückenloser Tapferkeit.

Wir sind daraus gemacht.
Aus Sturm und Hitze;
wir sind die Tagträumer
einer aussichtslosen Nacht.

Wir sind und wir bleiben,
Immerwährend da.
Verstauen Angst hinter Hoffnung
und machen Trübes wieder klar.

der riss...

Zerrissen und entzweit in
trister Zweisamkeit;
liegen wir nun
unter einer Schicht aus Staub und Asche.
Alles was heilig schien,
kurzzeitig entweiht.
Alle Sünden und Taten,
mit viel Liebe gesalbt;
und durch tiefe Zuversicht
vollständig verheilt.

So wird alles Graue plötzlich bunt,
und erleuchtet meinen Lebensmittelpunkt.

freier fall...

Räume,
voller Hoffnung auf ein Wir.
Nirgends ist Platz für ein Uns;
lediglich in schattigen Ecken
harren ein Du oder ein Ich.

Die Welt vor unserem Fenster,
ein traurig kalter Ball.
Diesen,
schieben wir vor uns her
mit stumpfen Herzen.
Versehrt, leer und wund.
Wir verlieren uns im freien Fall,
ungebremst;
Richtung Abgrund.

alles da...

In mir,
nicht allzu fern
bin ich allein.

Winzig kleiner Kosmos,
aus Licht und Sein.
Alles da.
Klang und Formlos.

Ich atme ein.

Ich
lasse
los.

weißer sand...

Bist du das dunkle Ufer,
so bin ich der weiße Sand;
welcher zerrinnt,
wie unverbrauchte Zeit
durch deine zerschundene Hand.

Bist du das schwarze Wasser,
so bin ich der weiße Mond;
welcher dir schickt die Flut
und mit jeder Woge,
sachte hinfort schwemmt,
all dein Kummer
und all die Wehmut.

ein schimmer...

Das Schicksal brach über uns herein,
wie der Frost über die Nacht.
Doch schau,
alles Gewesene verblasst.
Hoffnung legt sich über uns
wie glänzender Schimmer
bei Morgentau.
Ein feiner Dunst;
ein seichter Hauch.

Zwischen lautlosen Zeigern,
brennen wir in Eiseskälte
alles Vergangene nieder;

und finden Seligkeit,
im weißen Rauch.

sie...

Sie ist erhabene Dunkelheit;
(an)Ordnung meiner servilen Zügellosigkeit.
Fußfällig blicke ich zu ihr auf,
überlasse mich dem Verlangen
ihres führenden Verstands.

Formvollendete Detonation;
unter der lieblichen Knechtschaft
ihrer fordernden Hand.

Sie ist peinigende Linderung,
überlegende Gewogenheit;
die Emanzipierung,
meiner unterjochten Lüsternheit.

platzregen...

Dunkle Wolken ziehen auf.

Doch mein Gemüt ist ihnen bereits vertraut.
Ein und derselbe Gedanke, immer wieder,
wie das dumpfe Klopfen
meiner laufenden Schritte.
Mein schweres Herz
tanzt zur taktlosen Melodie einer
zu früh verlorenen Energie.
Alles in Verlust geraten.
Doch der Boden unter meinen Füßen
bleibt standhaft.

Dann öffnet der Himmel endlich seine Pforten;
und lässt herab eine Flut.
Welche spült meine Spuren vom Asphalt;
den Schmutz von meiner Seele.
Eine Sintflut, welche reißt den Boden
unter meinen Füßen hinfort.

Endlich.
Ich falle ohne Aufprall.
Dieser endlose Fall,
wird zu einem Schweben.
Und aus Schweben,
wird Leben.

poesie...- von marc und caty

Poesie, du Wellenreiter,
ewiger Klangbegleiter.
In deinen Wogen Fittich,
fand ich mittig neuen Lebensmut.
Alles zu wagen, ob düster,
freudvoll, heiter gesüßter Melodie.
In deiner tiefen Magie,
bin ich Marquis la Passion.
Im Gespinst, Isolation.
Entpuppend zu berühren
Alles zu wagen, ob dräuen,
leidvoll, lieblich sich erfreuen am Sein.

Denn im Sein
fand ich dich,
meine geliebte Poesie.
Auf dem Grund tiefster Sehnsucht,
befreitest du mein in Ketten gelegtes Ich.
Siebst unbeugsame Gedanken,
und formst aus konturlosen Schatten
ewiges Licht;
welches erhellt meine dunkelsten Stunden.
Legst dich heilend
über meine bittersten Wunden
und hinterlässt ein helles, buntes Treiben;
aus einer lautlos erstarrten Welt.

part 1 : marc / part 2: caty

ein vagabund...

Ich ging auf geraden Umwegen,
und doch zog ich meine Kreise.
Ein Vagabund erster Klasse;
auf einer wundervollen Reise.

Kreuzte mich selbst;
Auf steilen Abwegen.
Doch am Ende der Verleugnung,
da umarmte mich das Leben.

manchmal...

Manchmal,
leb ich so vor mich hin;
Bin weder Anfang noch das Ende,
frage nicht einmal nach dem Sinn.

Manchmal,
da bin ich einfach überall.
Die Verbindung zwischen
Licht und Schatten;
Das ewige Leben
und zeitgleich,
flüchtiger Verfall.

ein guter mentor...

Dein aufgesetzter Tiefgang
und deine eigennützige Mildtätigkeit,
waren mir ein guter Mentor;
welcher mich folgendes lehrte:

Tugend und Demut,
sind nur des reinen Herzens Werte.

kurzgedachtes

du bist das echo,
dass meine stille lärmt.

ich fand mich meilenweit voraus;
wo du mich zurückgelassen hast.

du greifst ins leere
und berührst unfassbare punkte.

mein herz sei dir eine offene tür;
in dein eigenes seelenreich.

was mich in die arme der besinnung trieb,
war einzig die gewissheit;
die ungesagt zwischen unseren zeilen schwieg.

in meiner schöpferischen tiefe,
wirst du immer die höchste welle sein.

seit das unabwendbare geschehen ist,
finde ich meinen frieden im gewöhnlichen;
weil du immer noch darin verborgen bist.

kein wort ist je genug.
keines zu viel.
liebe in jeder silbe
und schweige bis zum ziel.

viel zu lang ging ich neben mir her,
und kam mir doch auf halben wege entgegen.

tut weh, ja.
aber lass mal über den schmerz hinauswachsen;
und uns dort wiederfinden.

kein bemühen ist aussichtsloser,
als der versuch jemanden ändern zu wollen.
denn ein jeder wandel ist frei;
von jeglichem sollen.

riskiere lieber einen schritt in die tiefe,
als dort wo ich verweile,
zu zerfallen in tausend teile.

du warst eine insel,
für mein uferloses herz.

auf der oberfläche inhaltsloser einfältigkeit,
traf ich auf die unendliche tiefe
meiner selbstlosigkeit.

ich wuchs im schatten deiner verblendung,
über uns hinaus.

ich tappe blind in die einsicht;
und fülle die lücke, zwischen der leere.

vergänglich ist nur der schmerz,
der endlich spricht.
von herz zu herz.

und als du gingst,
war ich endlich bei mir angekommen.

du wirkst.
und ich verlier mich im danach.

du hast mich zweimal geboren.
bei meinem ersten
und bei deinem letzten atemzug.

kann einsam sein,
am rand einer tiefen lücke;
doch atmet man die liebe,
schlägt sie eine brücke.

danksagung/anmerkung

Poesie zu schreiben ist für mich einfach und wichtig.
Sie hilft mir das Leben und die damit verbundenen
Widrigkeiten zu filtern und nach außen zu tragen.
Nur für mich sichtbar.
Diese persönlichen Momente jedoch zu veröffentli-
chen und somit gewisse Gefühle zu teilen, fiel mir
schwerer als ich dachte.
Umso dankbarer bin ich, diesen Schritt gemacht zu
haben und für eine weitere Erfahrung die ich mitneh-
men durfte.

Ich danke ganz herzlich meinen Leser/Leserinnen,
die sich der Welt der Poesie/Lyrik verbunden fühlen.
Ich hoffe, ihr habt hier drin einen kleinen Schatz ge-
funden.

Und zu guter Letzt, teile ich ein Zitat mit euch, wel-
ches mir schon immer gefallen hat:

„Liebe, bezahlt man mit Liebe."